GentiRamo
Publishing

Para solicitudes de permiso, escriba al editor a:
info@centiramopublishing.com
Publicado en Estados Unidos por Centiramo Publishing, Nueva York, NY
www.centiramopublishing.com • info@centiramopublishing.com

Consultura artística: Janet Frances White
Diseño del libro: Pierce Centina
Fotos de Laguna de Venecia en la portada © 2022 Andrea Gallo

Dos poemas en este poemario, "Conjugación (p. 9)" y "La tarde era un telón, (p. 23)", aparecieron en *Filipinas y España en la Posmodernidad* (Boletín de la Academia Filipina de la Lengua Española, año I, número I, p. 149).

ISBN-13 978-1-958406-09-0
ISBN-10 1-958406-09-0
Library of Congress Control Number: 2022921953

20 19 18 17 16 15 14 13 12 11 || 10 9 8 7 6 5 4 3 1
Designed in the United States/Diseñado en Estado Unidos

momentos

e

instantes

DAISY LÓPEZ

SOBRE LA AUTORA

Daisy Nicia López y Pargas nació en la Ciudad Quezon (Filipinas). Cursó la carrera de Filología Hispánica en la Universidad de Filipinas; se trasladó a Madrid viviendo en la capital española varios años y aquí consiguió el título de Máster en Filología Española expedido por el Instituto de Cultura Hispánica. Estudió también en Italia, en la Università per Stranieri di Perugia, y en Roma en la Scuola Dante Alighieri. De regreso a Filipinas, obtuvo el Doctorado en Literatura Hispánica en la Universidad de Filipinas-Diliman. En esta misma universidad ha sido profesora asociada dedicándose a la enseñanza del español y del italiano. Trabaja también como traductora e intérprete simultánea en español e inglés.

Es miembro de número de la Academia Filipina de la Lengua Española en la cual fue admitida el 24 de septiembre de 2005.

Es autora del poemario *En la línea del horizonte* (Sevilla, 2009; 2ª ed. Barcelona, 2016) y de *Hermoso palabra*, poemario en lengua chabacana ermitaña con el que ha ganado el Premio Abad 2022.

Asimismo, López ha participado, ganándolos o clasificándose entre los primeros concursantes, en varios concursos internacionales de poesía iberoamericana. Sus contribuciones poéticas se pueden leer en antologías internacionales: "Saudade... Breve itinerario" fue premiado en el Primer Certamen Internacional Toledano y apareció en *Casco Histórico 58* (Ed. Toni Gil. Toledo, Editorial Celya, 2013, p. 128); "Un cuento... y nada más" junto con "Canto al mar y al sueño" fueron presentados a la Convocatoria Internacional de Poesía

Libróptica y se publicaron en *Latidos de la vida: Antología de poesías* (Ed. Karina Kresisch, Buenos Aires, Libróptica Publications, 2013, p. 139 y pp. 140 -141); "Antes era una rosa" se publicó en *Somos la voz*, antología digital a cargo de la "Convocatoria Internacional Grito de Mujer de Poesía Femenina" (República Dominicana, 2020, pp. 108 -109); finalmente, en 2022, dos poemas, "Conjugación" y "La tarde era un telón", en *Filipinas y España en la Posmodernidad* (Boletín de la Academia Filipina de la Lengua Española, año I, número I, p. 149).

ÍNDICE

| Visiones mudas |

Momentos e instantes 1

Hipnosis 3

Anoche 4

Dictamen 5

Tumbado en un pedestal 7

Conjugación... 9

Dos momentos con el pequeño interlocutor 10

Profundidad y amplitud 12

| Sabor local |

Ascendencia 17

Quiapo.. 19

| Mar inmenso |

La tarde era un telón 23

Azul.. 24

Marzo.. 25

Creí que no estabas tú 26

Pero el amor nos es mucho más poderoso........................... 28

La inmensidad de tu mar.. 30

| Palimpsesto |

Aula vacía.. 33

Libro 35

Mienten los números 37

ÍNDICE

| MEMORIA EN RE BEMOL |

Relevancia.. 41

Entrelíneas 42

Memoria.. 43

Fiesta de las dunas 44

La partitura 45

| POR LA CARRETERA DEL MUNDO |

Por la carretera del mundo.................................... 49

| VISIONES MUDAS |

MOMENTOS E INSTANTES

Un día quise ser
lo que mi mundo pueril decretaba:
médico, arquitecto… ¡o célebre artista!
con entusiasmo impaciente e insensato
enclaustrado en un cristal de esplendores…
     porque la adolescencia se permite un pedestal.

El antojo creció
y quise imaginarme más ilustre
con un delirio consagrado a la fama,
de cautiverio y terquedad impuestos,
de monólogos vanos, codiciosos…
     porque la ambición impetuosa no conoce límites.

Más tarde quise hacer …
¿curar, construir? Libre, ¡poder crear!, preclaro
con el ansia madura de ser útil,
en vuelo notable de alas desplegadas,
velocidad cómoda, no mezquina.
     ¿Cuál llegará más lejos: el pájaro o la flecha?

Nació la luminaria
en la sombra prieta de las tinieblas,
se lanzó el afán de servir sin tregua:
pasó de chispa… a una llama… a una hoguera,
hasta arder como incendio forestal.
     ¡Qué pequeño es el bosque para tanto fervor!

Hoy…llegó la noticia:
desahuciada mi carne carcomida,
van contados mis momentos e instantes.
y aun débil, cimentaré estos anhelos…
¡Que nadie frene la filantropía!
    porque no hace falta una vida larga para entregarse.

Los suspiros últimos,
aun sin aplausos, despiertan ideales;
el pulso sigue fiero y magnánimo
pero quema muy lento al compás del viento,
con su soplo, palpable y transitorio
    porque las realidades son más grandes que las ideas.

HIPNOSIS

Nerviosismo de una carcajada
cuyo eco es más fuerte que la explosión;
la mirada penetrante, que, si bien carente de significado,
perfora como el suero en la vena sensible.

Un discurso monótono y arrollador
que se transforma en una canción de cuna;
un vídeo irrebatible, pero fugaz en mi mente
un perfume que persiste en el aire estático del vacío

¿Cómo describo todo esto en una palabra...
o en dos palabras?

Tú.
Efímero tú.

ANOCHE

Anoche soñé con una hermosa palabra:
sus letras desafiaron toda morfología y fonética.

Pero, igual que la mayoría de los sueños, cuando me desperté
su memoria se desvaneció en una imagen vaga.

Simplemente recuerdo que las letras formaban una ola
y se sentaban cada una en las copas de los árboles.

Así la palabra evocó una vista impresionante
y expresiva que abarcaba todo el horizonte.

Como una esfera estimulante de quimeras,
cada una de las sílabas deslizaba en viñetas movedizas,

en imágenes que corrían velozmente y gracioso.
¿Acaso soñé como sonámbulo?

Y cuando la pronunciaba, la palabra hacía cosquillas
al paladar. ¿Acaso soñé en somniloquía?

Al final mi palabra se esfumó en un silencio nítido
como el silbido limpio de un ventrílocuo.

Una noche, un día de estos, ojalá me encuentre de nuevo,
si no con la misma palabra, al menos con su significado.

DICTAMEN

Otra tarde en el puerto,
la cita de siempre, y como siempre.

Una y otra vez,
la conversación de siempre, como siempre.

— ¿Entonces?
~ Sí.
— Bien...
~ Vale.

Así pasa una hora.
En el puerto, como siempre.
En la cita de siempre.

Si esto fuera un diálogo entre dos nuevos amigos...
Si fuera una cita con un loquero…
Si fuera imaginado…
Si fuera un chiste...
Si fuera.
Pero el caso es que no lo es.

Hoy he decidido
no volver más a este paseo marítimo
porque no habrá más citas

para siempre.
Prometo. Como siempre.

Si se diera el caso.
Ah…si tan solo pudiera escapar.

TUMBADO EN UN PEDESTAL

Qué hombre más grande.
Una persona verdaderamente amable.
Trabajador logrado.

Qué amplitud de visión.
Modelo ejemplar. Singular. Único.
Nadie como tú.

Mira aquella foto de perfil,
aquellos selfies envidiables,
la precisión en la fotocomposición.

Todos queríamos ser como tú.

Pero no te regocijes ante estas alabanzas.
Son voces presumidas, más aparatosas
que cualquier entrada en el tesauro.

No lamentes la pobreza del tiempo,
las puestas de sol perdidas,
lo que no conseguiste hacer perfectamente
por soberbia.

Todo es preludio a un destino estático:
tu viaje final.
Tu experimento ha terminado
aunque no todas las hipótesis llegaron a la conclusión.

Que descanses en paz.

CONJUGACIÓN

Yo
tú
ella
nosotros…

¿Nosotros?

Yo amo
tú amas
ella ama
nosotros…

¿Nosotros?

Soy yo.
Eres tú.
Pero no somos nosotros

¿Nosotros?

Faltas tú
sobra ella
y yo me pregunto:
¿desde cuándo ha dejado de existir
nuestro "nosotros"?

DOS MOMENTOS CON EL PEQUEÑO INTERLOCUTOR

Día y noche te amé,
ubicado en mi pequeño globo
acurrucado y quieto
sin preocupaciones siquiera
sobre cómo instalarte en el mundo afuera.

Noche y día
aguardé con emoción
ponerle cara a una patadita
o a unas volteretas dentro del vientre
mientras preparaba tu cuna,
el recinto nuevo de tus acrobáticos.

¡Llegó el momento!
El primer grito
y los pequeños chillidos que siguieron.
Todo en diminutivo: los sollocitos,
los gorjeitos… y el bostecito insonoro.
Te contemplaba en mis brazos.

Pasaron semanas. Te adoraba
con tus balbuceos al oír tu sonajero
o con los ronroneos somnolientos,
hasta con los eructos bruscos
ya no tan diminutivos.

Transcurrieron los meses
de infatigables mimos.

Y finalmente, la indescriptible alegría,
mi chiquillo,
cuando te salió tu primera palabra: *Dadda*.

PROFUNDIDAD Y AMPLITUD

L a metáfora del miedo
en sueños de lucha y
de obligación,
convertido en una pesadilla.

Un ítem para marcar
en tu lista de cosas que hacer antes de morir,
de promesas autocomplacientes,
que no son promesas en absoluto,
ni amor verdadero, sino compromiso
de entusiasmo aminorado.

Musitas un largo discurso
colmado de astucia y disfraces
palabras embriagadoras
sin significado.
Frases disociadas, de optimismo falso.
Todo es ruido.

¿No te importó nada?

La hipocresía nunca es compatible
con esa mirada profunda en tus ojos.
Si fueran ojos negros y oscuros
me hubieras absorbido toda mi sustancia;

pero los tenías de cristal, de color claro,
que me hiciste rebotar
contra la nada.
Aquí está el para siempre.
Finalizado.

| SABOR LOCAL |

ASCENDENCIA

Si sonrío
es porque aún puedo atravesar arrozales
que son los mismos campos
donde pisó el tío abuelo Manuel.

Si sonrío
es porque aún puedo tocar las madreperlas
y los corales en los mismos mares azules
donde pescó mi bisabuelo Nando.

Si sonrío
es porque aún puedo estar en la sombra del *camachile*
donde el capitán Adriano se sentaba a almorzar,
tras el ángelus de mediodía.

Si sonrío
es porque aún puedo cantar
en la lengua de mi bisabuela Concepción,
que con fervor hispano contó relatos de los *kayumanggi*.

Sonrío porque compruebo la delicada finura
y el corazón leal de la intrépida María Clara.

Sonrío porque veo realizados los nobles ideales
de Crisóstomo Ibarra en cada escuela de mi pueblo.

Sonrío porque verifico el cerebro y la sangre de los héroes
en el anhelo patriótico, ¡ambicioso y puro!, de cada compaisano.
Quién pudiera sentir el orgullo de pertenecer
a una raza duradera de costumbres imperecederas!
¡Quién pudiera sonreír para siempre, imperioso,
por poseer una identidad propia y dinámica como la nuestra!

QUIAPO

La música estridente
dejó de herirme los oídos
cuando me bajé del *jeepney*.
Y otro tipo de melodía me invadió el cuerpo entero
cuando entré por la calle Carriedo.

Los videntes en fila contra la balaustrada
de madera contrachapada,
cada uno con su parasol grande,
como el que se emplea cuando se juega al golf.
todos los parasoles idénticos
y todos los adivinadores con idéntico color de tiñe de pelo.

Ante el vidente me hago ciego.

«Parece que tienes un problema con la salud
pero se va a resolver enseguida».

«Vas a recibir una sorpresa grande
y todo es imprevisible».

«Hay alguien que te admira en secreto
y está deseando conocerte».

¿Se harán realidad los sueños?

Me apresa un torbellino de complacencia,
no por pensar en una verdad que está por acaecer
sino por un momento de consuelo
que me acompañará durante unos días
hasta la próxima cita con mi adivino favorito.

Me dirijo otra vez a la parada de los *jeepneys*.

| MAR INMENSO |

LA TARDE ERA UN TELÓN

LA TARDE era un telón
claro y oscuro,
según dictaban
los hilos de la luz,
cuando bordaban
un traje de seda
en el alma.

PERO LAS MANOS que curan
no controlan el delirio,
y sin voces, ni miradas,
ni alocuciones, ni testamentos
contemplaste entre visillos
la huida delcrepúsculo
en la noche.

MÁS QUE la luna,
mucho más que el viento,
a mí llegan muchas veces
suaves tus pisadas,
y otras tantas es tu sombra
la que suspira.

AZUL

Azul claro es el manto extendido de la bella doncella,
que dio a luz a mis hermanos del alma.

Azul marino es la alfombra sedosa,
azul su carne,
azul la sangre.

Azul zafiro sus aguaceros y su aluvión,
azul el sol que quema y ciega.
azul su luna llena.

El horizonte rasgado por relámpagos ramificados
aun reluce de día, salpicado por estrellas de brillo tenue.
azul celeste.

MARZO

Son los pájaros
los únicos testigos de
aquella tarde de marzo
…cuando quisimos ser arena
pero no pudimos
…cuando entrenaste tus risas
e impetuosamente lloré.

Y me dijiste que continuara
pero te dije ¡basta!

Sí. Solamente los pájaros conocen
tu honradez y la mía
en aquella tarde de marzo
…cuando dijiste que sí
y te juré que no
…cuando te moriste
y yo viví.

CREÍ QUE NO ESTABAS TÚ

En una noche sin estrella
creí que no estabas tú.
En la arena escribí dos nombres
con letra rectilínea
pero ambos los borraste tú.

Fuiste un ademán
cauteloso y enérgico,
no equivocado.
Y las caras se quedaron desdibujadas
por las olas, con el tiempo.

En una noche sin estrella
creí que no estabas tú.
Nadando sola en el mar
me vigilabas como propietario
de mi existencia.

Empecé a ahogarme
y me extendiste la mano,
pero yo, obstinada con el agua,
agarrarla no quise.

En una noche sin estrella
creí que no estabas tú.

En una barca ligera decidí remar
hasta dejarme arrastrar aquí y allá,
y asustada, te llamaba.
El grito, mi clamor frustrado
Fingiste no oír por el furor de las olas,
Pero imperceptible, me seguías mirando,
contemplando, cortejando y amando.

Una noche, en un cristal de esplendores,
me desperté de mi cautiverio y terquedad impuestos.
Reprimidos los monólogos perdidos,
descubrí que siempre estás tú:
mi norte, mi estrella.

PERO EL AMOR NOS ES MUCHO MÁS PODEROSO

Hoy te prometo esta época vacía
temiendo un día volverte la espalda;
busco la razón de esta contumacia
remendando un parche crudo en el alma.
Pero el amor
nos es mucho más poderoso.

Soy antes, soy después, soy seis sentidos,
cordura disparatada de empachos consumidos;
soy fuerte, soy débil, renuncia frugal
egoísmo amargo envuelto en un cristal.
Pero el amor
nos es mucho más poderoso.

Pido un consuelo en esta cama dura
en tu sombra agria que en la noche repica.
Dame un calidoscopio de ascuas vivas
condiciones sin fin entre horas vanas.
Pero el amor
nos es mucho más poderoso.

Impulsos reacios que llenan las penas
me sé holocausto ebrio, atadas mis alas
La carne elude tu voz colosal
Te niego, himno eterno, hundido en el mal.

…Pero el amor
siempre nos es mucho más poderoso

xxx   xxx   xxx

No almidones las ramas a los chopos
pues no quieren ser cintura de un sauce
déjame secarte en risas tus ojos
¡no quiero volar… quiero ser libre!
Y el amor nos será siempre mucho más poderoso.

LA INMENSIDAD DE TU MAR

El tacto se me va de las manos
pero para ti se te queda un nervio,
una sensibilidad a flor de piel
para sentir un ayer que sabe a mañana
en el rincón de la inmensidad
de tu mar,
en la sonrisa fugaz de una permanencia
en un latir de un corazón de muerto.

       Amo tu presencia
       pero no quiero estar contigo.

| PALIMPSESTO |

AULA VACÍA

Acaba la jornada.
La pizarra está cansada… Ha visto
relámpagos y lluvias de polvo
y más polvo.
Polvo blanco y espeso.

Alrededor… instrumentos lidiaderos.
Tizas desmenuzadas,
un borrador saturado,
un pedazo de papel…
otro más allá, arrugado por una mano expedita.

En el rincón: un envoltorio de caramelo,
un rotulador sin tapa,
un vaso de plástico con una paja torcida…
Pasado el vendaval,
los pupitres no conocen el desfile militar.

Cemento compacto o tabique fino,
pared empapada
de voces y más voces.
Testigo de un discurrir sublime,
o de la veta científica o del numen artístico,
fórmulas matemáticas o coplas literarias…

Inmensidad de conocimientos encapsulados en
restringidos ángulos oscuros.

Santuario solitario,
laboratorio jactancioso,
arena pensativa de duelos vencidos.

Todo se ha llenado de los gloriosos vestigios
que se clavaron
en esta trama que navega
hacia prodigios cardenales.
Ahora toca trasnochar.

LIBRO

Un papel en blanco,
primera página.

Otro papel en blanco,
segunda página.

Me permito la oportunidad
de hojear este libro
para cerciorarme
de la historia
pormenorizada
y fidedigna
de mi álter ego.

La existencia que paso,
la época que ya pasó,
las temporadas en que no está pasando nada
y todo lo que he pasado por alto.

Página 26
otro papel en blanco, pero con un doblez en
la esquina superior de la página.

En la 33
Otro doblez más grande, quizás para marcar
la importancia de esta página
y de las siguientes.

Entre los pliegues de las hojas amarillentas,
el moho se llevó todos mis secretos:
mis ambiciones, mis deseos: lícitos e ilícitos
mis pensamientos, buenos y menos buenos
mis planes y ensueños...
todos, menos uno: el secreto que me confiaste a mí

y que hasta ahora sigue velado,
enigmático, reprimido,
desconocido por mí misma.

Con los dedos tiesos cierro el libro.
Seguirá siendo así,
en blanco...

Y una ráfaga de satisfacción sintió mi otro yo.

MIENTEN LOS NÚMEROS

L os kilos inesperados que marcan la cucharadita extra del postre
[irresistible que tomaste,
los centímetros de más que te mide la cintura ensanchada,
el coste — ¡que hasta el último céntimo vertiste! — de tu regalo para la
[última "sin-ocasión",
liman el estrato de la realidad de este lenguaje abstracto y cruel de los
[números.

Ceden su cetro los números primos, que jamás entenderás,
como las millas recorridas para llegar hasta aquí, sin posibilidad de volver
[atrás.
Ni se comprende: ¿Cómo es que un problema de la teoría no brinda
[soluciones prácticas?
¿Y uno dividido por medio? Lo siento, pero no concibo compartirte con
[nadie.

Las matemáticas resultan imprecisas en su exactitud como ciencia.

| MEMORIA EN RE BEMOL |

RELEVANCIA

Te revelas
y me rebelo.

Tu relieve ofreces
pero otro relevo busco.

Aunque rebele,
relevas mis faltas.

Y quisiste llevarme en tu velero
para que me velaras siempre.

Lo que es valer
y ser relevante.

ENTRELÍNEAS

Respira.
Serénate un poco. Quiero
entender los sollozos entre tus garabatos.

Cálmate.
Frena esa sucesión de palabras
entrecortadas, entre dientes.

Espera.
Detente un momento. Necesito
tiempo para escuchar lo que no dices.

MEMORIA

No tengo memoria para los nombres
ni para las fechas de contingencia.
No recuerdo dónde te vi y por qué:
eso no importa. Tampoco me acuerdo

de qué hablamos cuando nos conocimos.
Parezco recordar que hablamos mucho.
Pero no. Mejor dicho, hablabas tú.
Y absorta, abobada, yo te escuchaba.

Desconozco el color de tu camisa,
de tu pelo, tus ojos... ¡no me sirven!
Solo recuerdo la insinceridad

en tu mirada, en tu voz, y en tu abrazo.
De todo eso, tengo buena memoria:
epitalamio de un alma vencida.

FIESTA DE LAS DUNAS

Te conocí en la fiesta de las dunas
  de arenas blancas. Fue una excelsa fiesta.
Eras grano de arena en Re bemol,
¡la más elegante nota en la orquesta!
Yo, pizca de seco barro sin ton.

Me suplicaste mi grano de arena
para colaborar en la armonía.
Y sin reparos te cedí mi todo,
porque yo no tengo más que un granito.

LA PARTITURA

Voy abriendo un camino
de cinco rayas y cuatro vías rectas…
Añado dos, tres o a veces más líneas paralelas,
con sus espacios equidistantes: arriba o abajo.
¡Son veredas provechosas!

Voy llenando surcos de melodía y de canto,
algunas con notas altas, agudas… y otras muy bajas, graves.
Esparzo redondeles, tréboles negros o blancos,
pero siempre con tallos seguros.

Hay quienes me emprenden el camino entero
para volver a empezar de cuando en cuando.
Da capo.

Hay otros que arrancan
pero no más que un trozo del camino.
Ritornello.

Y algunos que me toman
sólo una vez en su vida.
Música ratonera.

Composición cantada a pleno pulmón
o tocada con pasión
sobre teclas dóciles…

Voy entonando según mis tres claves lícitas
para dar cuerda a coplas, baladas y cantinelas.
Divulgo pentagramas variados y multiformes
que narran misterios de vidas aisladas.

He hecho reír a los de espíritu cándido,
pero más veces les hice llorar a las damas ingenuas
de corazón sincopado.

| POR LA CARRETERA DEL MUNDO |

POR LA CARRETERA DEL MUNDO

I.

Soy un transeúnte en la carretera
desde que emprendí un viaje solitario.
Cada instante es momento atesorado,
fragmento claroscuro de mi vida.

Deambulaba por sendas perdidas,
forjando mis propias rúbricas chatas
Vagaba sin extraviar de las vallas,
ajeno a las inicuas aventuras.

Coche viejo. No es una furgoneta.
Esta máquina, dicen, tiene cáncer:
no la enfermedad de motor de acero,
sino aquella frágil de carne y hueso.

Al compás de baches equidistantes,
salta con el latir del corazón.
La música es fuerte, pero sin letra;
¿quién sabe de raíces podridas?

II.

El fracaso sabe a triunfo vicioso
en picotazos de los parabrisas

Llegué a la encrucijada del abismo:
la visión nublada. ¡Todo es oscuro!

Malicia tremenda, de vilipendios,
se malogran los mejores deseos.
No me engañarás, diluvio encrespado;
no pienso ahora acortar las distancias.

¡Y oigo un silencio en medio del bullicio!
pero no de un errar enloquecido.
Te adentraste en mi existencia interna y
siento otra mano firme en el volante.

III.

Tu talento mosaico de hablar,
manera racional de transformar:
primero, es una caricia y, luego, otra.
Es la gramática de tu amor regio.

Se despegaron los neumáticos
y el tránsito se hizo más llevadero,
seguro y sin querer frenar, rápido,
tan veloz que no sentí el terremoto.

Cuernavaca de eterna primavera
su sol intenso no quema la piel.
Silencio ensordecedor, sepulcral:
la vida es vaciada de su dolencia.

Me enamoré durante la sequía
me enamoré durante aquel diluvio
me enamoré en época de vendimia
me enamoré cuando empezó el otoño.

IV.

Hoy la travesía se llena de arte:
de música, pintura, arquitectura.
Al fondo, la montaña cincelada
se agranda como escultura imponente.

Los relámpagos en el horizonte,
nubes blancas forradas de narcosis,
gotas doradas caídas del cielo,
tierra saciada de chispas de lluvia.

Los árboles al borde del camino
con sus ramificaciones frondosas
me indican cuál vereda tomar
y no vacilo el destino indicado.

Los viajes largos prueban mi paciencia
¿girar a la izquierda, o por la derecha?
Los caminos que me llevan a ti
son muchos. O, mejor dicho, son todos.

V.

Las hojas resecas y amarillentas
se niegan a caerse de las ramas
porque no quieren quedarse aplastadas
entre las páginas muertas de un libro.

¿Cuánto tiempo llevamos en la estrada?
Lo que son mis años aquí vividos
o lo que es un noble segundo eterno.
La intensidad de cada rato cuenta.

Y nació el verso tejiendo mil gestas.
Lentamente me metí en la cuneta.